DES

CONCOURS

POUR LES

MONUMENTS PUBLICS

DANS LE PASSÉ, LE PRÉSENT ET L'AVENIR

PAR M. CÉSAR DALY

ARCHITECTE DU GOUVERNEMENT

Directeur-Fondateur, & Propriétaire de la « Revue générale de l'Architecture et des Travaux publics »

DÉDIÉ

A M. PROSPER MÉRIMÉE

SÉNATEUR

Membre de l'Académie française & de l'Académie des Inscriptions & Belles-Lettres, Inspecteur général des Monuments historiques, etc.

PARIS

AUX BUREAUX DE LA REVUE DE L'ARCHITECTURE

Place Saint-Michel, 8

ET CHEZ A. MOREL & Cie, ÉDITEURS

Rue Vivienne, 18

1861

DES CONCOURS

POUR LES

MONUMENTS PUBLICS

SOMMAIRES

I. — Mise au concours du nouvel Opéra. — Les concours publics depuis trente ans.

II. — Les avantages du concours public prouvés par des exemples. — Le monument de la République. — Les Halles centrales de Paris.

III. — Pourquoi les administrations et le patriciat des artistes sont peu sympathiques aux concours publics. — MM. Duc et Viollet-le-Duc. — Action réciproque et malheureuse des administrations et des artistes officiels les uns sur les autres.

IV. — Les *concours limités* à des artistes connus peuvent-ils remplacer avec avantage les *concours publics illimités?*

V. — Méfiance qu'ont excitée jusqu'ici parmi les artistes les concours publics, et causes de cette méfiance. — Citation édifiante à propos du concours pour le Tombeau de Napoléon Ier.

VI. — Le patriciat des artistes ne manquera pas aux concours publics, si on les organise sérieusement. — L'administration ne compromettra ni sa *responsabilité* ni sa *liberté*.

VII. — Autres avantages des concours publics. — Les anciens et les nouveaux Classiques. — Les Gothiques. — Ralliement des écoles sur le terrain de l'Éclectisme. — Les concours montreraient périodiquement les évolutions de la pensée architecturale. — Ils éclaireraient les administrations sur le mérite des jeunes artistes.

VIII. — De la composition du Jury des concours. — Des intérêts qui doivent y être représentés. — Mode de nomination. — De certains membres auxiliaires du jury. — De l'influence du *nombre* des jurés sur le sentiment de la *responsabilité*, et de la nature de la responsabilité des jurés dans nos concours publics.

IX. — Des concours dans les départements.

X. — Résumé et conclusion.

PARIS. — IMPRIMERIE J. CLAYE, RUE SAINT-BENOIT, 7.

DES

CONCOURS

POUR LES

MONUMENTS PUBLICS

DANS LE PASSÉ, LE PRÉSENT ET L'AVENIR

PAR

M. CÉSAR DALY

ARCHITECTE DU GOUVERNEMENT

Directeur-Fondateur & Propriétaire de la « Revue générale de l'Architecture et des Travaux publics. »

DÉDIÉ

A M. PROSPER MÉRIMÉE

SÉNATEUR

Membre de l'Académie françaife et de l'Académie des Infcriptions et Belles-Lettres, Infpecteur général des Monuments hiftoriques, etc.

PARIS

AUX BUREAUX DE LA REVUE DE L'ARCHITECTURE

Place Saint-Michel, 8

ET CHEZ A. MOREL & Cie, ÉDITEURS

Rue Vivienne, 18

1861

A Monsieur

PROSPER MÉRIMÉE

SÉNATEUR

Membre de l'Institut, Inspecteur général des Monuments historiques, etc.

MONSIEUR,

Entre le Honduras et le Nicaragua, sur les bords marécageux de la baie de Fonseca, à l'endroit où le Choluteca verse ses eaux rapides, vous auriez pu voir, en l'an 1856, par une chaleur étouffante du mois d'août, un homme étranger au pays, gisant au milieu d'une cabane, sur une peau de bœuf crue, avec toutes les apparences d'un malade qui ne se relèvera pas. Mais vous aviez mieux à faire, Monsieur, que d'affronter de nouveau, dans un autre hémisphère, les fièvres que vous aviez déjà bravées en fouillant les ruines de l'Asie Mineure.

Quelques Indiens et sang-mêlé formaient un groupe de curieux devant la porte ouverte de la cabane, causant, riant entre eux, et jetant de temps en temps leurs regards sur l'homme couché à terre.

« *¿Que hay, señores?* dit un nouvel arrivant.

— *Es nada : un Yankee que se muere,* » lui répondit-on.

Dans l'opinion de ces braves gens tout *Yankee* devait appartenir à la bande de Walker, et ce formidable nom, promené dans toute l'Amérique centrale depuis l'invasion récente des flibustiers, sonnait fort mal aux oreilles des populations.

L'étranger, qui ne parlait qu'imparfaitement la langue usitée dans le pays, comprenait pourtant ce qui se disait autour de lui : il ne pouvait faire un mouvement, tant sa faiblesse était grande ; il sentait seulement que sa tête était en feu, et que la fièvre travaillait sérieusement à borner là, sur cette peau de bœuf, le cours de ses voyages scientifiques.

En effet, c'était un artiste, un architecte français qui, au lieu de se contenter d'exercer profitablement son métier à Paris ou dans les départements, avait eu la funeste idée d'ajouter à l'histoire de son art un chapitre qui lui manque encore sur l'architecture des aborigènes de l'Amérique ; c'était votre serviteur.

Mes réflexions n'étaient pas gaies. « Quelle insigne folie j'ai « commise, me disais-je, en m'aventurant dans ce pays infer- « nal ! Venir ici mourir comme un chien abandonné, au lieu de « jouir tranquillement en France d'une existence agréable ! Et « pour qui? et pour quoi? Pour la satisfaction d'un si petit « nombre d'esprits ! Pour découvrir quelques débris inconnus

« d'une société éteinte, quelques vestiges à moitié détruits, « quelques derniers témoignages subsistants de l'art indien! « L'objet en valait-il la peine? Et quel gré m'en aurait-on su, « même en cas de succès? »

Puis, le courant de mes idées prenait une autre direction :

Je pensai à la France, à ma famille, à mes amis. Je pensai aussi aux documents archéologiques que j'avais recueillis dans ma longue pérégrination depuis le Canada jusqu'au Nicaragua, et il me vint au cœur un vif désir de ne pas les laisser périr avec moi. Mais à qui les recommander?

Ce fut alors que j'interrogeai mes souvenirs; et c'est à vous que ma pensée s'arrêta, Monsieur, car il me fallait un de ces esprits malheureusement rares qui, à une science étendue de l'art, à une parfaite appréciation de l'importance des lacunes historiques que j'avais voulu combler, joignît une influence fondée sur de sérieux travaux et de grands services publics, et assez de généreuse impersonnalité pour se donner des peines qui ne profiteraient qu'au progrès de l'histoire.

Dans l'intervalle de deux crises, je vous écrivis quelques mots, sous le couvert de notre consul de France, vous adressant les notes que j'avais recueillies, exprimant l'espoir que vous voudriez bien faire une démarche près du Ministre, et obtenir pour quelque jeune artiste une mission ayant pour objet l'étude des antiquités des aborigènes de l'Amérique. Mes travaux lui auraient été confiés, ils auraient aidé à ses recherches et seraient devenus profitables entre ses mains. Ainsi du moins, si ma vie avait été sacrifiée, mes efforts ne seraient pas perdus.

Grâce à Dieu, les Indiens ne furent point prophètes. J'en réchappai.

Mais, depuis mon retour en France, une autre fièvre m'a saisi, non plus, Dieu merci, semblable à celle qui m'a tenu mourant près de deux mois sur le sol dévorant de l'Isthme, mais saine, mais fortifiante celle-ci, et qui n'a de commun avec la première que de tourner de même ma pensée vers vous, comme vers une intelligence entièrement dévouée aux intérêts de l'art. Ma fièvre actuelle n'est autre chose que l'ardent désir d'aviver dans l'art contemporain un feu trop amorti, et d'organiser un moyen de lui communiquer une plus grande animation.

Les arts sont devenus savants; mais ce que l'architecture particulièrement a gagné en science, ne l'a-t-elle pas perdu en poésie? Le savant, l'archéologue, l'érudit se complaisent à cet ordre de travaux; mais on peut dire, dans un autre sens que M. de Boissy, que la masse de la population n'y prend pas un intérêt assez vif, qu'elle lui reste même le plus souvent étrangère.

Comment faire pour infuser à l'art qui languit une plus grande vitalité, pour dissiper cette léthargie de la foule, pour exciter à la fois l'attention publique et l'émulation des artistes, pour provoquer l'émission d'idées neuves et hardies, pour faire sortir de l'ombre les talents inconnus, pour se procurer le spectacle d'une vie nouvelle dans la pensée architecturale, pour se placer périodiquement devant le tableau des efforts de l'art moderne cherchant à se dégager des entraves du passé sans répudier ses utiles leçons?

Il n'y a sans doute pas de moyen unique pour obtenir de tels résultats, mais j'ai signalé avec insistance un des leviers les plus puissants pour écarter les difficultés. C'est le système des *Concours publics* substitué à la confiance, parfois aveugle, des administrations.

Je crois m'être rendu compte de toutes les objections formulées jusqu'ici contre ce système, et je crois aussi y avoir répondu victorieusement.

Toutefois, mes efforts ne me paraîtront destinés au succès qu'à une condition, c'est que vous leur accordiez la sanction de votre grande expérience, et que vous acceptiez la dédicace des quelques pages que j'ai consacrées au sujet des concours.

Votre position, en effet, Monsieur, est réellement exceptionnelle. Votre autorité intellectuelle s'étend sur le domaine entier de l'art; toutes ses parties vous sont redevables. Écrivains, artistes, archéologues, tous professent pour vous une haute et juste considération. Au milieu de la désunion des idées et de la dispersion des efforts, vous avez en tout temps conservé une entière impartialité. Vous avez sauvé bon nombre de nos monuments nationaux. Vous nous avez rapporté de vos voyages en Orient des études précieuses et des fragments d'art antique qui ont augmenté la richesse de nos dépôts publics.

Votre voix éloquente n'a jamais manqué à la cause des artistes, non plus qu'à celle de la classe si intelligente de nos ouvriers et artistes-industriels : en toute occasion vous avez appelé sur eux les encouragements de l'État; montrant ainsi que celui qui les appréciait le plus dignement savait aussi le mieux les défendre. Les nobles paroles que vous prononciez l'autre jour au Sénat retentissent aujourd'hui dans la France entière.

Mon ambition, si j'en ai une, est de marcher de loin dans la même ligne et d'être le modeste auxiliaire de la grande pensée dont vous êtes l'un des plus brillants représentants. Je ne puis entreprendre ma tâche sous les yeux d'un juge plus éclairé, ni placer mes efforts sous les auspices d'une autorité plus honorée.

Je suis, Monsieur, avec des sentiments de haute estime et de respectueuse considération,

Votre très-humble et très-obéissant serviteur,

César DALY.

DES CONCOURS

POUR LES

MONUMENTS PUBLICS

DES CONCOURS

POUR LES

MONUMENTS PUBLICS

DANS LE PASSÉ, LE PRÉSENT ET L'AVENIR

I

Mise au concours du nouvel Opéra. — Les concours publics depuis trente ans.

Un grand événement vient de s'accomplir dans notre monde architectural, et le public en a suivi les phases avec un vif intérêt. Le 31 décembre 1860, un décret impérial mettait au concours public le projet du *nouvel Opéra de Paris :* un mois plus tard, 171 projets, composés d'un millier de dessins, étaient publiquement exposés au Palais de l'Industrie, et, huit jours après, cinq prix étaient décernés par le jury d'examen.

De la part du gouvernement, décision universellement désirée mais inattendue; de la part des artistes, une ardeur de travail véritablement inouïe; de la part du jury, une grande activité d'étude et d'examen : tels sont les traits qui caractérisent cet événement rapide comme l'éclair, et j'oserai presque dire brillant comme lui.

L'ouverture d'un concours public pour un projet de monument national est certainement l'un de ces faits rares qui font époque dans l'histoire moderne de notre architecture. Leur nombre, dans une période de trente années, se compte chez nous par celui des dynasties.

Autant de gouvernements, autant de concours.

Comme si ces occasions solennelles ne pouvaient se présenter que de loin en loin, et comme si une seule d'entre elles devait suffire à un règne.

Le gouvernement de Louis-Philippe nous valut en effet le concours pour le *Tombeau de Napoléon Ier;* le gouvernement de 1848 mit au concours la *Figure de la République;* après douze années de travaux immenses, parmi lesquels nous citerons seulement le Palais de l'Industrie, les Halles centrales et l'achèvement du Louvre, le gouvernement impérial, à son tour, s'est décidé à ouvrir un concours public pour l'*Opéra*.

— Une autre tentative de concours mérite d'être mentionnée. Nous faisons allusion au décret du 22 janvier 1852, pour la construction des *cités ouvrières*.

Cette tentative bienveillante mais incomplète, puisqu'elle ne fut suivie, croyons-nous, ni d'exposition publique ni de jugement par un jury, et dont, par conséquent, nous n'avons pu constater les résultats, appartient à l'époque de la République; mais tout le mérite de l'intention remonte certainement au prince président, car la somme de 5,000 francs attribuée comme prime au meilleur projet devait être prise sur sa cassette particulière.

Évidemment le chef de l'État a toujours été favorable aux concours publics, et nous n'hésitons pas à admettre comme une certitude le bruit généralement accrédité que le concours récent pour l'Opéra est né de la volonté spontanée de Sa Majesté.

Ceci nous présage le prochain triomphe de l'idée que nous soutenons depuis si longtemps sur les concours publics, et nous croyons que le moment est venu de développer notre pensée sur ce système, pour lequel nos administrations en France se sont montrées généralement assez mal disposées, d'accord en cela, nous devons le dire, avec quelques-uns de nos artistes éminents.

Nous nous proposons de remplir le plus brièvement possible cette tâche qui pourrait être utilement l'objet d'un long mémoire. Nous le ferons dans un sentiment de considération et de véritable sympathie pour nos administrateurs actuels. Quelques observations simples et franches, entièrement impersonnelles et uniquement inspirées par l'amour de l'art, de la justice et de la vérité, ne seront pas confondues avec une attaque malveillante. On peut combattre des opinions, et honorer en même temps les caractères.

Il ne manque évidemment à nos administrateurs que de reconnaître la vérité pour s'y rallier complétement et s'en faire une règle de conduite. C'est à eux que nous en appelons, et nous les sollicitons de prendre résolûment en main l'initiative d'une réforme favorable aux concours publics.

Les administrations n'ont qu'à vouloir. Elles ont en haut l'Empereur favorable et le prince Napoléon attentif à faire descendre la protection impériale sur toutes les idées de progrès : autour d'elles l'opinion publique se prononce dans le même sens; elles n'ont contre elles que le préjugé. Mais il leur suffira de l'attaquer pour le vaincre.

La première administration qui prendra le concours comme base obligée de sa gestion en matière de monuments à élever pourra bien contrarier accidentellement quelque artiste distingué ; mais par cette généreuse initiative elle inspirerait une haute estime pour son caractère, elle rendrait un grand service public, et son influence en serait singulièrement augmentée.

II

Les avantages du concours public prouvés par des exemples. — Le monument de la République. — Les Halles centrales de Paris.

— Une grande question architecturale ne peut être examinée et discutée à fond qu'en la faisant passer à l'épreuve d'un double contrôle, celui des hommes spéciaux et celui du public.

En veut-on des exemples? Nous allons en citer deux éclatants, empruntés à l'histoire de nos treize dernières années : l'un est le concours de 1848 pour la *Figure de la République;* l'autre est relatif aux *Halles centrales* de Paris.

— Un monument à la République, à la suite d'une révolution faite en son nom, quoi de plus simple, en apparence? Il fut décrété.

L'administration aurait pu s'adresser indifféremment à vingt artistes choisis dans sa liste officielle, avec la certitude qu'ils lui apporteraient un projet satisfaisant sous le rapport de l'art. Mais le lendemain de l'inauguration d'une République, il était séant, prudent même, de se rappeler les règles du droit commun : on ne crut pas pouvoir procéder par désignation directe, on ouvrit un concours, et l'on fit bien.

L'exposition fut exécrable : le mot est modéré.

Qu'y pouvait-on donc trouver d'intéressant? Nous allons le dire.

Une impression unique semble avoir dominé tous les concurrents. Pour eux, la République ne fut autre chose que la Liberté victorieuse. Ces deux notions de la République et de la Liberté, que l'histoire a toujours rapprochées, ne leur apparurent point sous des symboles différents, et la figure de la République se confondit dans l'esprit des concurrents avec celle de la Liberté.

La Liberté paraît d'abord devoir se prêter avec facilité, comme toute idée simple, à l'expression plastique: il n'en est rien. En effet, combien de façons différentes de la concevoir!

Il y a la Liberté furieuse, aux yeux enflammés, à la bouche hurlante, qui jette des haches, des poignards et des torches incendiaires aux nègres de Saint-Domingue, les poussant au massacre des colons et à la ruine de la civilisation. Mais cette Liberté noire, que peut-elle avoir de commun avec la pâle et sévère déesse qui inspirait les héros de Marathon et de Salamine, et dont l'émotion la plus intense ne pouvait altérer la pure et noble beauté? Et ces deux Libertés guerrières, l'une infernale comme la vengeance, l'autre divine comme le droit national, et si différentes entre elles, ne ressemblent pas non plus à cette Liberté dont la piété du moyen âge a placé l'image dans les porches de ses cathédrales, parmi les Vertus; ni à cette autre Liberté que rêvent les philosophes, qui est la liberté dans la paix, aussi bien que dans l'ordre et dans la justice universelle, reine promise aux sociétés du monde futur, qui succédera définitivement à la Révolution.

Pour toi, Liberté révolutionnaire! tu passes sur notre horizon avec le bruit et les ravages de la foudre; tu épures, tu équilibres les puissances de l'atmosphère, et tu prépares dans le ciel sombre le rayonnement des beaux jours; mais, semblable à l'orage, tu n'as comme lui qu'un moment; ta grandeur et ta puissance n'ont pu te faire déesse, le signe de l'immortalité manque à ton front!

La plupart des concurrents donnaient un caractère permanent à ce spectre fulgurant de la Révolution. Ils en faisaient le génie de la Vengeance ou le confondaient avec elle. C'étaient des femmes armées de haches, brandissant des drapeaux tricolores dont les plis seuls couvraient leurs membres nus, grimpées sur des amas de pavés mal assemblés et qui menaçaient de s'écrouler en entraînant la Liberté elle-même dans leur chute.

C'était faux, et c'était dangereux.

D'autres, au contraire, mais en petit nombre, cherchaient à donner à la Liberté un caractère de calme, de noblesse et de beauté; mais évidemment ce ton formait une éclatante dissonance avec celui des passions excitées.

Sans doute il eût été possible, facile même, de prévoir cette confusion dans la manière de comprendre la Liberté. Mais on ne l'avait pas prévue. On a interrogé le public par un concours, et le concours a répondu, non pas, comme à l'occasion des Halles centrales, en inspirant, comme nous le verrons, une conception artistique nouvelle, une création inattendue, mais au contraire par un avertissement énergique; il est sorti de ce concours un cri d'angoisse et d'alarme, vibrant et éclatant; nul en particulier ne l'avait jeté, mais tous l'ont entendu ce cri précurseur des sanglantes mêlées de juin; de chaque œuvre isolée s'exhalait comme un souffle qui allait grossir cette voix effrayante où semblaient retentir déjà la fusillade des rues, les gémissements des familles, le râle d'agonie de la Liberté elle-même; c'était l'horrible cri de la guerre civile s'élevant du sein de la civilisation, effroyable cri devant lequel les hurlements féroces des peaux-rouges ivres de carnage s'en va mourant comme le zéphyr.

A l'appel de l'Administration qui demandait un monument en l'honneur de la République le concours a répondu : « Ce n'est pas le moment ! Élevez, si vous le « voulez, un monument au fait accompli, aux *Journées « victorieuses de 1848;* mais ne pensez pas aujourd'hui « à faire l'apothéose artistique de la Liberté. Elle est en« core mal connue et il faut d'abord nous assurer de la « conserver parmi nous. »

— Les *Halles centrales*, qui s'achèvent en ce moment, et dont les dispositions neuves et ingénieuses satisfont si bien à la fois aux besoins du commerce utile qui s'y pratique et aux exigences de l'art, offrent un nouvel exemple de l'utilité qu'il peut y avoir pour l'administration, pour l'art et pour le pays, à soumettre les projets de nos monuments à l'épreuve du sens public. Ces dispositions, en effet, ne sont dues ni à l'initiative de l'administration municipale, ni à celle de l'État, non plus qu'à celle de ses architectes officiels. La Ville, l'État et les architectes avaient, en vérité, sur ce monument, des idées bien différentes de celles qui président actuellement à sa construction ; des idées totalement opposées à celles qui ont enfin prévalu et qui marchent à leur complète réalisation. Le système primitif était même déjà en pleine voie d'exécution, en dépit des réclamations des marchands intéressés, en dépit de l'opposition de plusieurs journaux, parmi lesquels la *Revue de l'Architecture* ne fut pas l'un des moins ardents. On ne tenait pas compte davantage des propositions et projets présentés par des architectes intelligents qui, pour n'être pas officiellement attachés aux administrations, n'en possédaient pas moins une expérience précieuse. L'esprit d'initiative dont ils étaient animés rendit, en cette circonstance, un éminent service au pays, et ce beau résultat les vengea noblement des accusations de tracasserie qu'on ne leur avait pas ménagées.

L'administration municipale et l'État, aidés du seul concours des architectes officiels, tous gens cependant d'un mérite incontestable et incontesté, — nous insistons sur ce fait, parce que le résultat que nous voulons constater en devient plus saillant; — l'administration municipale, l'État et les architectes éminents à son service, disons-nous, faisaient complétement fausse route : un des édifices de Paris qui doivent être le plus coûteux, un de ceux qui réclamaient le plus impérieusement l'intervention de toutes les ressources de la science et de l'industrie modernes pour répondre efficacement à son objet, s'élevait dans des conditions contraires aux besoins et aux désirs des marchands qui devaient s'y établir et des acheteurs qui viendraient y trafiquer. Il semblait vraiment qu'on voulût ériger en lui le témoin monumental de la réaction en architecture, et glorifier la négation aveugle du progrès et des ressources que fournit si libéralement la grande industrie de notre temps.

Heureusement, les marchandes de la halle, que des traditions artistiques mal comprises n'embarrassaient pas, qui n'avaient pour les guider que leur bon sens et l'expérience quotidienne des besoins de leur commerce, purent faire entendre l'expression de leur vœu à la haute puissance qui dirige les destinées du pays. La justesse de ces réclamations fut appréciée, et l'ordre fut donné d'arrêter des travaux malencontreux.

Nul concours ne fut ouvert, nulle récompense ne fut promise à ceux qui contribueraient à faciliter la solution du problème dont la difficulté était devenue manifeste; cependant un bataillon d'architectes dévoués et même d'ingénieurs, volontaires ardents de cette campagne artistique, se mirent à l'œuvre et créèrent, sans y être invités, un véritable concours dont l'administration et le pays devaient seuls recueillir le bénéfice. Ce bénéfice fut réel. Grâce à cette heureuse immixtion, à cet apport gratuit et spontané du dehors, la question des Halles centrales de Paris fut étudiée sous tous ses aspects, scrutée dans toutes ses parties, et comme inondée de lumière. L'administration de la ville, l'État, le public et les architectes officiels la virent enfin dans son vrai jour, telle qu'elle était, telle qu'ils n'avaient pas su la voir auparavant, telle que jamais ils ne l'auraient vue sans cette espèce d'enquête publique et d'intervention privée qui avait paru d'abord importune et qui devait, disait-on, rester inutile. Maître d'éléments nouveaux, l'architecte distingué qui s'était si gravement trompé dans sa première tentative (qui de nous ne se trompe jamais?) a pu prendre une revanche éclatante et attacher son nom à l'un des monuments intéressants du XIXe siècle, au « Louvre du peuple, » selon l'expression du premier empereur.

III

Pourquoi les administrations et le patriciat des artistes sont peu sympathiques aux concours publics. — MM. Duc et Viollet-le-Duc. — Action réciproque et malheureuse des administrations et des artistes officiels les uns sur les autres.

— En présence de semblables preuves de l'utilité des concours, on s'étonne naturellement d'apprendre qu'ils n'ont jamais excité de vives sympathies soit au sein des administrations, dont le désir très-sincère de contribuer au progrès des arts et à la gloire du pays ne peut être mis en doute — pas plus dans le passé que de notre temps, — soit parmi les patriciens de l'art (nous employons cette expression comme la seule qui désigne suffisamment, dans sa brièveté, toutes les sommités et les illustrations architecturales), soit, disons-nous, parmi les patriciens de l'art, bien que leur gloire personnelle et l'honneur de leur profession soient intimement liés à la haute renommée de l'art français.

D'où vient donc que, jusqu'à ce jour, le régime fécond du concours a obtenu dans ces régions peu de crédit?

Nous ne nous arrêterons pas aux insinuations qui prêteraient aux administrateurs une si vive passion de l'autorité et de l'arbitraire, une si haute et suprême confiance dans leur propre appréciation des mérites des architectes, qu'ils se croiraient seuls aptes à désigner les artistes compétents pour chaque œuvre. Nous abandonnons aussi, aux amis des amplifications qu'inspire la jalousie, cet argument : que l'aristocratie architecturale aime mieux profiter de ses relations établies avec l'administration, d'une renommée acquise et de l'influence de grandes positions, pour obtenir directement des travaux, sans affronter les chances des concours publics et se soumettre aux efforts pénibles qu'ils imposent. Cette nature d'arguments nous paraît manquer de dignité à l'égard de l'administration et de nos célébrités artistiques. Mais tout en repoussant, avec sévérité même, ce système d'attaques, nous reconnaîtrons cependant qu'il y a bien là quelques pierres d'achoppement contre lesquelles peuvent trébucher les caractères faibles, et nous passerons à d'autres et plus nobles considérations.

— Les administrations ont une grande responsabilité. C'est leur droit et leur devoir d'exiger que le bâtiment à élever soit bien construit, par conséquent, que l'architecte soit expérimenté. Elles cherchent donc et doivent chercher des agents dignes de leur confiance et sur lesquels elles puissent se reposer : elles ont des architectes officiels à qui elles accordent une confiance légitimée par de bons services ; et il leur semble déraisonnable de livrer au *hasard d'un concours*, et par suite à la direction d'un inconnu — inconnu pour elles, du moins — l'exécution d'un monument qui serait très-bien compris et exécuté par tel ou tel de leur entourage.

Il faut se rappeler aussi que les administrations sont responsables devant le budget. Qu'un monument satisfasse à toutes les exigences de l'art, et que celui qui l'a conçu soit homme de belle imagination et d'inspiration élevée, rien de mieux ; mais, pour les administrations, il faut que l'architecte soit homme d'ordre, qu'il ne dépasse point ses crédits annuels, qu'il présente une comptabilité régulière, en temps utile, et non après la clôture de l'exercice; que ses propositions de travaux, pour chaque campagne nouvelle, ne soient pas faites toujours au dernier moment, etc., etc. Le public ne voit que l'œuvre artistique; mais les administrations sont tenues d'en suivre pas à pas la réalisation.

Il ne faut donc pas s'étonner ni trop se plaindre si les diverses administrations publiques, chargées surtout de services d'ordre, attachent un si grand prix aux architectes familiarisés avec les règlements administratifs et possédant des habitudes méthodiques.

A ce point de vue, très-incomplet malheureusement, le préjugé des administrations contre les concours publics s'explique fort bien.

Reconnaissons donc que les administrations sont fondées en exigeant que leur responsabilité, au lieu d'être soumise à des *hasards,* soit garantie au contraire à la fois contre l'incapacité, l'inexpérience et les habitudes de désordre.

— Le patriciat des architectes a aussi des raisons à faire valoir, dans son intérêt, contre les concours.

Un architecte dont la réputation est faite regarde à l'aventurer contre des adversaires inconnus, dans des concours publics, tels qu'on les a organisés jusqu'ici. Il n'y a pas à le nier, son enjeu est considérable, le succès incertain et les profits limités. Ce serait donc tout au moins une sottise sinon une impertinence que d'accuser d'une faiblesse ou d'un calcul indigne l'artiste éminent qui consulterait la prudence en pareille situation, avant de s'engager au milieu de périls aussi réels : comme aussi il convient de reconnaître un vrai courage et quelque générosité à ceux-là qui savent se mettre au-dessus des calculs d'une prudence trop personnelle, par un amour vrai de leur art, par le respect de l'opinion et le désir de l'approbation publique. Si les premiers ne sont pas à blâmer, les seconds méritent certainement tous nos éloges, et nous n'hésitons pas à intervertir l'ordre de cette étude pour dire ici combien nous ont inspiré d'estime et de considération des artistes comme MM. Duc et Viollet-le-Duc qui, dans le récent concours pour l'Opéra, se sont résolûment soumis au jugement du public et de leurs confrères, acceptant la lutte en plein jour, devant tous, contre tous, au risque de se voir préférer des inconnus.

— Les deux catégories de personnes les moins portées à aimer les concours publics, et les mieux placées pour influer sur l'adoption ou le rejet du système, — je parle des administrateurs et des artistes les mieux appréciés d'eux,—par leurs relations constantes et la communauté de leur sentiment sur les concours, ont dû naturellement exercer une action réciproque les uns sur les autres et se fortifier dans leur manière de voir, au lieu de s'éclairer sur ce qu'elle offre d'incomplet et de mauvais. Les administrations, fortes de l'approbation d'artistes éminents, ont pu se croire justifiées en condamnant les concours au nom des intérêts de l'art, tandis que des artistes distingués les condamnaient aussi au nom des intérêts administratifs. Il y a eu, de la meilleure foi du monde, action et influence réciproques au profit de l'erreur.

IV

Les *concours limités* à des artistes connus peuvent-ils remplacer avec avantage les *concours publics illimités?*

— Mais, dit-on, si les artistes les plus renommés refusent, pour la plupart, de figurer dans les concours ouverts à tous les artistes du pays, ne conviendrait-il pas de n'adopter, comme déjà dans quelques circonstances cela s'est fait en France, en Angleterre et ailleurs, que des *concours limités à des artistes connus, de réputation établie, que désignerait l'administration?* D'ailleurs, dans ces concours limités aux célébrités de l'art, l'administration trouverait les garanties désirables pour sa responsabilité, et, quant aux concurrents malheureux, le sentiment de la défaite serait adouci par la renommée du vainqueur.

Ou bien, à défaut de ces concours limités, ne faudrait-il pas, en présence de cette abstention de l'aristocratie architecturale, abstention qui laisse l'arène ouverte surtout aux réputations de deuxième ordre et aux inconnus, ne faudrait-il pas se borner à *ne mettre au concours que des avant-projets, sauf ensuite à livrer la question amenée ainsi à maturité, soit à un architecte éprouvé, soit à un concours nouveau et définitif, mais limité à des architectes connus, du choix de l'administration?*

Ces propositions paraissent en effet plausibles, mais un instant d'examen montre qu'elles pèchent par la base. Elles sont *contraires au droit commun et à la justice due à tous, contraires à l'intérêt public, contraires au progrès de l'art.* Et je le prouve.

— *Elles sont contraires à la justice.* La loi, en effet, doit être la même pour tous. Pourquoi limiter le concours? Pourquoi m'en exclure, sous prétexte que je ne suis point connu? Est-ce une raison pour que je sois sans talent? L'administration dira-t-elle que j'ai déjà succombé dans des luttes antérieures? Vaincu hier dans un concours, je puis être vainqueur aujourd'hui ou demain dans un autre; j'en ai l'espoir, je demande à en courir la chance. Inhabile dans une lutte qui avait un monument d'utilité matérielle pour objet, une halle, une gare, je puis être mieux inspiré, je puis rencontrer en moi des facultés mieux disposées, s'il est question d'honorer la foi de mes pères et la mienne en élevant une église, ou de célébrer le courage de mes compatriotes et la gloire de mon pays, en projetant un monument triomphal.

D'ailleurs, je puis être jeune; l'âge n'aura pas encore strié d'argent mes cheveux : comment dès lors réclamerai-je la confiance de l'administration? Mais ouvrez-moi la porte des concours publics, et si dès l'abord je n'ai pas le bonheur de voir couronner mes efforts par un premier prix, du moins je me ferai connaître pour ce que je suis, et je conserverai l'espoir de prendre quelque jour un rang honorable parmi les artistes estimés. Et, en attendant, un 4e, un 5e prix, une médaille, une simple mention pourra devenir pour moi un titre d'honneur et me désigner à la confiance des clients.

Le concours illimité ouvrira, en effet, aux jeunes architectes une voie vers la renommée, un gymnase où ils s'exerceront, non plus, comme à l'École, à tracer les rêveries de l'imagination, — ce n'est pas là une critique; — mais une arène où les jouteurs sont redoutables, les questions toutes pratiques, et les conséquences aussi honorables que lucratives. Le concours nous semble de justice absolue.

— *Ces propositions*, disons-nous, *sont contraires à l'intérêt public, contraires au progrès de l'art.*

Le mal engendre le mal. Ce qui est ici contraire à la *justice* est aussi contraire à l'*intérêt public* et au *progrès de l'art*. Les concours limités, outre ce qu'ils ont d'arbitraire, privent le pays des lumières de TOUS, et c'est cette lumière universelle qu'il importe de consulter, celle de la jeunesse encore sensible aux brillantes impulsions de l'imagination, aussi bien que celle d'une prudente expérience. En refusant aux jeunes talents les moyens de se produire dans les concours publics, l'administration se condamne elle-même à l'ignorance des ressources artistiques dont elle pourrait disposer, et elle n'en saurait faire profiter le pays.

Renfermer les concours entre un petit nombre d'artistes, c'est maintenir l'art dans une espèce de *routine*, car c'est concentrer la composition des édifices entre les mains d'une petite minorité ; c'est supprimer pour ces concurrents favorisés le péril qui doit surtout les aiguillonner, car si l'on peut se consoler d'être vaincu par un artiste renommé, il serait humiliant de céder le pas à un talent obscur et qui en est encore à ses débuts.

fait un appel sérieux aux architectes, aux sculpteurs et aux peintres, en leur assurant autant que cela est possible un jugement impartial, nul doute que les artistes ne se fussent présentés en masse pour répondre dignement à l'appel. L'exposition actuelle, avec tous ses défauts, le prouve surabondamment.

« Mais comment espérer un effort vraiment grand et sérieux de la part de tous les talents supérieurs, lorsque les conditions propres à inspirer la confiance manquent absolument, lorsque l'administration repousse toutes les observations, lorsqu'elle se bouche les oreilles des deux mains tandis que *l'Institut* même élève la voix, que *la Société libre des Beaux-Arts* proteste en vain, et que les réclamations adressées isolément par des artistes considérables sont aussi repoussées ? Comment espérer que l'appel de l'administration serait entendu, lorsqu'elle n'a voulu parler qu'à voix basse et dans des lieux solitaires où depuis longtemps les arts ne trouvent plus d'écho ? Comment se fait-il qu'un organe de la presse aussi important que *les Débats* ait cru devoir en conscience déclarer qu'il n'avait eu connaissance de l'appel du ministre que très-peu de temps avant l'exposition ? Comment se fait-il que le seul organe spécial des architectes, la *Revue de l'Architecture*, n'ait reçu aucun avertissement pour en prévenir ses lecteurs ?

« Il n'existe pas une ville de France qui, voulant mettre au concours un petit édifice, ne fasse des annonces dans les principaux journaux, et n'imprime un programme pour l'adresser partout où il y a chance de réveiller un concurrent. La France fait rapporter à grands frais de Sainte-Hélène, par un prince du sang royal, les cendres de l'homme le plus extraordinaire dont elle revendique la gloire, de l'homme qui apprit le nom français et des flagrantes irrégularités dont il fut entaché. Les concours antérieurs n'avaient pas non plus laissé de très-bons souvenirs, et les conditions du concours actuel, fruit probablement d'une conception hâtive, offraient elles-mêmes des imperfections dans lesquelles des esprits malades se sont montrés prompts à chercher la justification de leurs anciennes méfiances et les errements d'un passé regrettable.

Bref, qu'on nous permette de le dire franchement parce c'est utile, les artistes n'ont pas appris dans le *passé* à se confier sans réserve même dans la loyauté des intentions administratives en matière de concours.

Ce reproche de déloyauté est une chose si grave qu'on n'a pas le droit de l'articuler sans en donner immédiatement la preuve. Nous citerons ici dans quelle circonstance solennelle nous dûmes nous élever avec vivacité contre un système dont la dignité française avait elle-même à rougir, tandis qu'il ruinait une des principales conditions de l'art. Il est bon de rappeler les vieux abus et leurs scandales, pour éclairer nos administrateurs actuels, dont la plupart, probablement, ne sont pas au courant de l'histoire de nos anciens concours.

Il s'agissait alors du concours pour le Tombeau de Napoléon Ier. Voici textuellement ce que nous écrivions en 1841 :

« Le nom de l'artiste qui composera le projet de tombeau définitivement adopté ne peut manquer d'aller à la postérité ; ce pourra être pour lui un éternel témoignage d'impuissance ou une gloire éternelle; mais ce qui est certain, c'est qu'on se sent ému à la pensée d'abriter son nom dans quelque coin obscur du sarcophage de Napoléon, et il n'existe peut-être pas un artiste qui préférât exécuter tout autre monument. Si l'administration avait fait un appel sérieux aux architectes, aux sculpteurs et aux peintres, en leur assurant autant que cela est possible un jugement impartial, nul doute que les artistes ne se fussent présentés en masse pour répondre dignement à l'appel. L'exposition actuelle, avec tous ses défauts, le prouve surabondamment.

« Mais comment espérer un effort vraiment grand et sérieux de la part de tous les talents supérieurs, lorsque les conditions propres à inspirer la confiance manquent absolument, lorsque l'administration repousse toutes les observations, lorsqu'elle se bouche les oreilles des deux mains tandis que *l'Institut* même élève la voix, que *la Société libre des Beaux-Arts* proteste en vain, et que les réclamations adressées isolément par des artistes considérables sont aussi repoussées? Comment espérer que l'appel de l'administration serait entendu, lorsqu'elle n'a voulu parler qu'à voix basse et dans des lieux solitaires où depuis longtemps les arts ne trouvent plus d'écho? Comment se fait-il qu'un organe de la presse aussi important que *les Débats* ait cru devoir en conscience déclarer qu'il n'avait eu connaissance de l'appel du ministre que très-peu de temps avant l'exposition? Comment se fait-il que le seul organe spécial des architectes, la *Revue de l'Architecture*, n'ait reçu aucun avertissement pour en prévenir ses lecteurs?

« Il n'existe pas une ville de France qui, voulant mettre au concours un petit édifice, ne fasse des annonces dans les principaux journaux, et n'imprime un programme pour l'adresser partout où il y a chance de réveiller un concurrent. La France fait rapporter à grands frais de Sainte-Hélène, par un prince du sang royal, les cendres de l'homme le plus extraordinaire dont elle revendique la gloire, de l'homme qui apprit le nom français aux échos des plus lointains rivages ; et, pour appeler les artistes à l'œuvre, pour leur apprendre qu'il fallait à ce géant qui avait créé et effacé des empires, un lit où se reposer dans son éternel sommeil, on a craint le bruit de quelques annonces dans les journaux ! Il ne s'établit pas un petit marchand, il ne se publie pas un livre médiocre ou mauvais, il ne se fait pas une adjudication de dix stères de bois à brûler pour un bureau de ministère, sans que toutes ces choses ne soient annoncées à plusieurs reprises. Et il est besoin de bâtir une chambre sépulcrale à Napoléon, d'avertir les artistes que la solution du plus beau problème d'art qu'il ait été donné aux siècles modernes de résoudre leur est demandée, que l'occasion d'une gloire immense leur est offerte, et l'administration ne trouve plus de voix là où il faudrait l'éclat de mille trompettes !

« *Nul programme n'a été distribué, nul programme n'a été imprimé*. Bien plus, il a été dit que *nul jury ne serait institué pour juger,* que *nulle exposition publique n'aurait lieu,* c'est-à-dire que nulle exposition publique n'offrirait une garantie contre l'incapacité et l'arbitraire.

« La majorité des artistes avait la conviction, une certitude morale, à tort ou à raison il n'importe, que le travail était donné d'avance à M. V...[1]. L'invitation qui leur était faite d'envoyer des projets au ministère ressemblait à l'hospitalité qu'offrirait un avare qui veut et doit être refusé. Pour eux, il n'y avait là qu'une trahison.

« L'administration n'a ignoré aucune de ces disposi-

---

1. Le tombeau de Napoléon Ier aux Invalides fut en effet exécuté sous la direction de cet habile architecte. Et, comme nous l'avions annoncé à l'administration dans le travail d'où a été tiré l'extrait que nous rapportons, le chiffre de 500,000 francs, alloué pour les frais du monument, a dû se convertir en plusieurs millions.

tions d'esprit des artistes, et elle n'a rien fait pour dissiper leurs soupçons, rien pour faire cesser leur découragement, rien pour calmer leurs craintes légitimes. Tous ses actes ont eu pour effet, au contraire, de les augmenter, de les confirmer.

« Il n'y a pas de concours : il n'y a aucune garantie régulière de justice pour ceux dont les travaux sont exposés aux Palais des Beaux-Arts : M. le ministre n'a pris d'autre engagement que celui d'examiner tous les projets qu'on voudrait lui adresser avant une époque déterminée; et M. C... a caractérisé la position des choses avec un véritable bonheur, en disant : « *Ce n'est pas un concours que nous voulons, c'est une consultation gratuite que nous demandons aux artistes !* »

« Voici donc la France, la France si fière et si glorieuse, qui mendie, par l'organe de M. C..., une *consultation gratuite sur le Tombeau de l'Empereur Napoléon !*

« O majesté d'un grand peuple, es-tu donc morte aussi, et faut-il aussi mendier un tombeau pour toi?

« Il y a là, au Palais des Beaux-Arts, des modèles qui ont dû coûter plus de 2,000 francs, et qui ont été exécutés aux dépens d'artistes généreux mais sans fortune; et justice ne leur est pas garantie! Que dirait Napoléon de cette honte? Pourquoi ses ossements ont-ils été troublés? Pourquoi son cercueil a-t-il été ramené sur les bords de la Seine?

« Était-ce donc pour faire dire à l'étranger qu'il n'est pas une ville importante de la Grande-Bretagne où l'on ne rencontre un monument élevé à la gloire de WELLINGTON, *qui vit encore*, et que la France craint d'ériger un mausolée digne de protéger les *cendres* de NAPOLÉON !

« On donne plus d'un million pour amener d'Égypte

une masse de granit : on n'accorde que 500,000 francs pour le monument de l'Empereur! »

On voudra bien remarquer que ces observations n'ont pas été écrites pour les besoins de la cause, et qu'elles datent tout à l'heure de *vingt années*. On peut les retrouver dans le 2e volume de la *Revue de l'Architecture* (*col.* 524 *et suiv.*).

— Revenons au temps présent.

Le sentiment de cette méfiance dont nous avons parlé serait facile à détruire. Elle n'aurait sans doute pas pris de si profondes racines si elle n'avait été alimentée que par les irrégularités constatées dans les anciens concours; s'il n'existait pas des raisons très-plausibles et, au premier aspect, justifiées, qui expliquent l'aversion des administrations en général pour les concours publics. Nous les avons fait connaître. Il appartient à l'administration de notre temps de montrer qu'elle est animée d'un autre esprit, qu'elle veut adopter des habitudes conformes aux intérêts de l'art et encourageantes pour les artistes, qu'elle veut lever les barrières qui s'opposent au progrès, en un mot, suivre l'inspiration haute et libérale dont une volonté auguste a fourni l'exemple et qui doit donner satisfaction à tous les droits et à tous les intérêts.

Mais nous n'avons pas épuisé encore la série des causes de méfiance dont nous avons promis l'énumération.

Ce sont les administrations qui dressent les programmes des monuments mis au concours, qui exposent la série des conditions auxquelles ils doivent satisfaire, qui fixent les limites de temps accordées pour la remise des projets, désignent le jury, etc..., œuvre dans laquelle évidemment elles doivent se faire aider par des artistes, et lesquels? Le plus souvent, et tout naturellement, par ceux qui leur sont officiellement attachés, qui ont mérité leur confiance, par ceux enfin à qui il faudrait prêter une abnégation stoïque pour les supposer généralement amis du concours public.

Les concours ont été, presque invariablement, le résultat accidentel et forcé de circonstances en dehors du contrôle des administrations; les programmes ont été imparfaitement préparés, au lieu d'être rédigés avec une grande maturité; le temps fixé a été insuffisant; parfois de nouveaux délais ont été accordés pour l'achèvement des projets de tels et tels, tandis que les projets de leurs rivaux étaient déjà déposés (Tombeau de Napoléon Ier); les garanties de jurys compétents et impartiaux ont le plus souvent manqué, et l'on n'a jamais créé un attrait de récompenses en rapport avec les sacrifices imposés aux concurrents.

On doit comprendre maintenant pourquoi, en présence de cette attitude de l'administration, le patriciat de nos architectes, chargé déjà de la conduite de travaux importants, recule généralement devant les concours publics et les charges qu'ils imposent.

VI

Le patriciat des artistes ne manquera pas aux concours publics si on les organise sérieusement. — L'administration ne compromettra ni sa *responsabilité* ni sa *liberté*.

— Nous voyons dans le passé toutes les raisons imaginables de répulsion pour les concours, et cependant cette répulsion n'existe que chez une petite minorité. La majorité demande le bénéfice du droit commun, le concours; mais elle demande avec raison aussi qu'on l'entoure de garanties sérieuses.

Mais à quoi bon le concours si les architectes les plus célèbres ne veulent pas concourir?

Ils concourront.

La preuve, c'est que déjà, dans les conditions vicieuses que chacun connaît, on a compté au concours du Tombeau de Napoléon Ier des noms comme ceux de MM. Duban, Garnaud, Duc, Etex, Gilbert, H. Labrouste, Nicolle, Danjoy, Baltard, Visconti, etc... Et, dans le concours qui nous occupe, MM. Viollet-le-Duc, Duc, Garnaud, etc... étaient parmi les concurrents. L'éloignement des architectes déjà en renom pour les concours n'est donc pas absolu. On peut le faire disparaître entièrement.

Admettez un moment qu'en principe nos grands monuments publics doivent être mis au concours, et que les vainqueurs seront chargés de la direction des travaux;

admettez aussi, comme une conséquence nécessaire, que nos administrations, converties au régime des concours, appellent à leur aide, pour la rédaction des programmes, les lumières des corps spéciaux et des savants aussi bien que celles des artistes officiels;

Que, par suite aussi, les délais soient suffisants, les jurys capables et offrant les garanties nécessaires de savoir et d'impartialité;

Et que les primes soient proportionnées aux sacrifices que le pays réclame de ses architectes...

Croyez-vous alors que, dans l'impossibilité d'obtenir autrement de grands travaux, les patriciens de l'art s'obstineraient à se tenir à l'écart, au lieu de se fier aux sollicitations du vrai talent qui les anime et qui exciterait invinciblement une noble ambition?

Refuser le combat serait renoncer à la profession!

Les incapables seuls, ceux-là que l'aveugle fortune aurait portés à des honneurs immérités se les laisseraient arracher dans l'impuissance où ils seraient de les défendre. Et tant mieux pour l'administration, pour le gouvernement, pour le pays, les arts et les artistes, tant mieux, disons-nous, que l'ignorance empanachée succombe et nous délivre du scandale de ses usurpations. Arrière les industriels du savoir-faire! Place à l'artiste véritable, au mérite, au talent, au génie, s'il se présente!

Et il se présentera. La France n'en saurait douter.

— Ainsi tombera la crainte de l'administration de voir livrer la rédaction des projets et la direction des travaux *au hasard de concours* où ne figureraient que des artistes d'un mérite secondaire ou de très-jeunes gens.

Reste encore à faire évanouir cet autre danger redouté, de voir ce même *hasard des concours* compromettre la responsabilité de l'administration en lui imposant un artiste ou de peu d'expérience ou d'habitudes désordonnées.

Dans les concours sérieusement organisés, et il dépend de l'administration de les faire tels, il n'y a point de hasard dans la victoire. Une pareille victoire est au contraire un gage sérieux de science et de talent.

Comment admettre que dans des concours où figureront les célébrités — et nous venons de prouver qu'elles ne peuvent manquer d'y figurer — l'auteur du projet couronné n'ait point les qualités suffisantes pour diriger les travaux? Cela ne peut arriver que si le vainqueur est un tout jeune homme dont le génie aura devancé l'expérience. Et quel génie ne supposerait pas une semblable victoire remportée contre de tels adversaires! En présence de la découverte d'un si grand trésor, l'administration devrait à coup sûr se hâter de lui adjoindre un praticien expérimenté, pour ne pas se priver des services d'un pareil artiste.

Ce serait une grande faute de se tromper soi-même par des hypothèses en dehors de toute probabilité, et de repousser, en vertu de craintes imaginaires, une institution normale.

Il n'est pas une seule institution qui soit parfaite, et qui réponde absolument à toutes les difficultés exceptionnelles que l'imagination peut rêver, pas plus les concours que le reste.

N'y a-t-il en dehors de l'Institut aucun savant qui soit supérieur à tel ou tel de ses membres? N'y a-t-il aucun candidat politique en dehors de la Chambre, méritant d'y siéger de préférence à tels élus du suffrage universel? Personne n'oserait sérieusement l'affirmer. — Faudrait-il donc, pour cela, renoncer à l'Institut et au Corps législatif? Ne renonçons pas non plus au concours, sous prétexte qu'il pourrait susciter des inconvénients dans telle ou telle circonstance d'une réalisation très-improbable et tout au moins fort exceptionnelle, et contentons-nous de la perfection approximative puisqu'il n'est pas donné à l'homme d'atteindre la perfection absolue.

Toutefois, admettons même qu'il convient de se montrer plus sévère encore à l'égard des vainqueurs dans le concours que pour le choix des représentants politiques du pays ou des illustrations officielles de l'art et de la science. Pour obvier à tout sujet d'inquiétude, l'administration peut se réserver des droits éventuels comme dans les adjudications publiques.

De même que dans les adjudications publiques le ministre se réserve d'accepter ou de rejeter la soumission qui aura offert les conditions de prix les plus avantageuses, s'il juge que, par défaut de moralité ou pour cause d'ignorance manifeste, le soumissionnaire ne saurait être accepté comme entrepreneur; de même nous accorderons à l'administration un droit de *veto* pour le cas très-extraordinaire où le couronné du concours serait indigne ou incapable. L'administration restera pleinement investie de ce droit; mais du moins elle l'exercera sous le contrôle de l'opinion publique. Elle sera éclairée par le concours, elle connaîtra mieux le personnel et la valeur relative des architectes, et il en résultera que les actes les plus absolus de son autorité seront accomplis en connaissance de cause, avec toutes les lumières qui lui manquent aujourd'hui. Nous demanderons seulement, au cas de remplacement du couronné, que la prime promise soit augmentée de moitié; par exemple, si elle était primitivement de 8,000 francs, qu'elle soit portée à 12,000. C'est demander à l'administration un frein contre tout entraînement, une juste garantie contre une décision précipitée. Avec l'obligation et la responsabilité de donner ce surcroît, si faible qu'il soit, l'administration n'agira point sans avoir mûrement réfléchi : elle y regardera sans doute plus d'une fois avant de déposséder un artiste couronné, en faveur d'un confrère moins heureux ou d'un artiste qui n'aura même pas affronté les chances du concours, lorsqu'elle sera obligée de faire ratifier moralement sa décision par le jugement du public, et de payer avec les deniers du budget le droit de substituer un artiste à un autre.

Le budget, ne l'oublions pas, est la grande et constante préoccupation des administrateurs. On ne propose, on ne délibère, on ne décide qu'après l'avoir consulté; et le fardeau qu'on lui impose doit toujours être mesuré à ses forces.

VII

Autres avantages des concours publics. — Les anciens et les nouveaux Classiques. — Les Gothiques. — Ralliement des écoles sur le terrain de l'Éclectisme. — Les concours montreraient périodiquement les évolutions de la pensée architecturale. — Ils éclaireraient les administrations sur le mérite des jeunes artistes.

— Nous avons montré déjà, à propos d'un concours officiel pour le monument de la République et du concours improvisé, inofficiel mais effectif, dont les Halles centrales de Paris furent l'objet, deux exemples curieux et de nature bien distincte des avantages que peuvent offrir les concours publics.

Dans le premier exemple, nous voyons le concours répondre comme répond le calcul algébrique lorsqu'on lui demande la solution d'un problème contenant des conditions impossibles. L'exposition des projets avait la même signification éloquente que les valeurs imaginaires de la solution algébrique.

Le second exemple, celui des Halles, nous a fait voir comment une erreur capitale, partagée à la fois par des administrateurs éclairés et des artistes distingués, peut être reconnue et rectifiée, au grand profit de tous les intéressés, du pays et de l'art contemporain.

Enfin consultons le récent concours pour l'Opéra; si incomplètes, si insuffisantes qu'en aient été les conditions, il a détruit un préjugé extrêmement fâcheux.

Nous avions jadis à Paris une École des Beaux-Arts sans notions pratiques, gouvernée par une esthétique étroite, absolue, déduite d'une courte période de l'art mal connue d'ailleurs et interprétée sans esprit philosophique. Cette École pesait récemment encore de tout le poids de son souvenir sur le groupe de nos lauréats actuels de Rome et d'Athènes. Le public s'imaginait que notre école classique en était aujourd'hui au point où se trouvait sa devancière il y a trente ou quarante ans. De même que la noblesse de 93 portait la responsabilité de toute la féodalité, de même nos lauréats de l'école de Rome respiraient péniblement sous le fardeau d'un injuste préjugé. Dans ce récent concours, ils ont biffé d'une main ferme cette erreur de la conscience publique. On a pu se rendre compte de l'extrême différence d'esprit qui anime les lauréats de notre temps et les distingue de ceux qui florissaient il y a quarante ans.

Nous avons eu le magnifique spectacle des diverses écoles esthétiques abandonnant la reproduction *servile* du passé, et se livrant à un essor *personnel.* L'école classique a montré avec quelle liberté d'esprit elle abordait aujourd'hui l'appréciation du passé, et avec quelle indépendance elle appliquait aux besoins de la vie moderne les sérieux principes de l'art antique.

L'école gothique ne s'est pas montrée moins intelligente ni moins éclairée, et son plus habile représentant nous a fait voir que s'il admirait jusqu'à la passion le génie artistique de nos pères, il renonce à renouveler aujourd'hui une superstition architecturale analogue à la superstition religieuse de certains fanatiques du moyen âge, et qu'il sait très-bien plier à d'autres inspirations la flexibilité de son talent.

Cette exposition n'eût-elle eu d'autre résultat que de

nous montrer toutes les écoles de l'architecture française convergeant sur le terrain de l'Éclectisme, cette lumière jetée sur la situation suffirait seule pour prouver l'utilité des concours.

Les arts anciens sont morts. On ne saurait ressusciter un art dont l'évolution complète s'est accomplie. L'art antique ni l'art du moyen âge ne peuvent échapper à cette loi. Il faut donc un lien entre le passé qui n'existe plus et l'avenir qui n'existe pas encore. C'est l'Éclectisme qui nous fournira les formes correspondantes à cette transition.

Mais, qu'on y prenne garde, *l'Éclectisme n'est pas le* BUT, *il n'est qu'un* CHEMIN QUI MÈNE AU BUT.

C'est sur ce terrain que depuis vingt-cinq ans et plus nous avons convié à se rallier les débris dispersés des écoles en déroute. Entre deux séries de siècles se place le défilé qui les unit. Ce défilé est l'Éclectisme.

Pour y arriver, pour le traverser d'un pas ferme, et prendre possession sans accident de la terre promise, trois guides sont nécessaires : « *la Liberté dans le présent, le Respect du passé et la Foi dans l'avenir.* » C'est cette sainte trinité de l'art moderne que nous avons si souvent invoquée, et dont nous avons constamment prêché le culte.

— Tout le monde avouera sans doute qu'il est de la plus haute importance de constater périodiquement quelle a été la marche des diverses écoles d'architecture. Or, sans les concours, ces grands jeux olympiques de l'art, quels moyens avons-nous de reconnaître cette marche?

Le spectacle des nouveaux *monuments publics?*

Mais il faut de longues années pour les mener à fin, pour qu'on puisse les voir dans leur intégrité, tels que les auteurs les ont conçus.

Suffit-il de consulter les *maisons* qui se construisent par cent et par mille?...

Mais la plupart des maisons ont avant tout et surtout pour objet un placement avantageux d'argent. Leur destination même, qui est d'être occupées successivement et simultanément par une série de familles différentes, leur impose bien plutôt des formes qui ne choquent personne et dont tout le monde indifféremment puisse s'accommoder, que ce caractère d'art cultivé, qui accuse dans l'architecte une personnalité vigoureuse. Une certaine banalité est la condition *sine quâ non* du succès pour une maison à loyer.

Ce n'est pas d'ailleurs dans des maisons, œuvres de spéculation pure, qu'il faut rechercher l'expression désintéressée de l'art contemporain, les manifestations multiples qu'on est en droit de lui demander, et qui doivent s'harmonier si profondément avec toutes les passions de l'âme humaine, les besoins et les tendances de la société moderne. Ce sont les églises, les gares, les théâtres, les tombeaux, les monuments de triomphe et de commémoration; ce sont les salles de concert et de fêtes, les monuments funèbres et mille autres qu'il faut voir; et ce n'est pas un ou deux spécimens de chacun de ces monuments qui donneront la mesure du mouvement de l'esprit en matière d'art: ce sont ces monuments créés tour à tour sous l'influence de chaque école, gothique, classique, éclectique, utilitaire, ou sous l'influence des intuitions prophétiques de l'avenir; ce sont même les aspirations de l'utopie qu'il faudrait pouvoir passer en revue, consulter et étudier.

Ce caractère, si difficile à saisir, d'un art toujours en évolution, où donc le chercherons-nous?

Est-ce à l'*École des Beaux-Arts*, où combattent de jeunes

élèves dans des esquisses hâtivement tracées; où se combattent plus tard les maîtres, à travers les élèves, dans le *rendu* ou l'esquisse élaborée? Ces conditions imparfaites peuvent-elles nous initier au travail de transformation incessante qui s'opère dans la pensée architecturale de la France et du monde? A coup sûr, les expositions de l'École ont bien leur intérêt. On y voit germer plus d'une idée nouvelle et inattendue, plus d'une interprétation qui ne descend point en ligne directe de l'enseignement officiel, et que le professeur surpris s'efforce en vain d'y rattacher. Ces déviations, parfois heureuses, que le système ne peut comprimer, constituent et maintiennent une certaine originalité dans l'École malgré la gêne d'un enseignement un peu étroit. Mais ce n'est pas l'École, ce ne sont ni les esquisses des élèves ni ces esquisses plus tard développées et étudiées sous la direction et à l'aide du conseil des maîtres, qui peuvent manifester le mouvement de la pensée artistique et nous en donner le tableau général.

En résumé, si ce n'est ni dans les *monuments publics*, si lentement construits même dans ce temps d'activité fébrile, ni dans les *maisons d'habitation* forcément condamnées à une certaine vulgarité, ni à l'*École des Beaux-Arts* qu'il faut chercher cette manifestation, où donc peut-on espérer de la rencontrer, non à l'état partiel ou par fragments successifs, mais immédiatement dans son ensemble, tous les systèmes réunis, avec le tableau de leurs contrastes, de leurs harmonies et de leurs discords?

Le lecteur l'a déjà dit avant que j'aie le temps de conclure : évidemment c'est dans le CONCOURS PUBLIC.

Non pas que le concours public suffise seul pour faire comprendre cette élaboration complexe, ces recherches, ces transformations de l'art contemporain; mais il offre le tableau synoptique de ce travail, il le résume et le place sous le regard en une fois; il permet l'étude comparative et simultanée de tous les efforts, des tendances de toutes les écoles, de ce qui se construit chaque jour, de ce qu'on pourrait faire et qu'on n'a point voulu ou point encore osé entreprendre; il nous montre ce que l'on fait aujourd'hui, ce que l'on fera demain, jusqu'aux rêves que l'on n'accomplira jamais.

Dans nos *cités* nous avons les faits pratiques, dans nos *écoles* les tâtonnements de l'inexpérience mariés aux mouvements assurés d'une prudence parfois excessive. Mais, dans les *concours*, à côté des œuvres nées du sens pratique et de la tradition, à côté des œuvres d'une expérience mûrie, vous rencontrerez aussi de ces aventureux élans de l'imagination qui font appel au génie de l'industrie et de la science moderne; de ces aspirations hardies, impossibilités d'aujourd'hui qui seront réalisées demain, lorsque la nouveauté de l'idée aura cessé d'effaroucher la routine ou la timidité.

Ainsi sont nés ces nombreux palais de cristal exécutés dans les deux mondes.

Nous demandons les CONCOURS *comme l'indispensable moyen de constater périodiquement et complétement les mouvements de la pensée architecturale.*

— On le voit, il y a dans les concours publics d'autres intérêts à envisager que ceux dont nos administrations ont la garde, des intérêts plus hauts et plus généraux, des intérêts de civilisation et d'honneur national. Mais parmi ceux qui concernent directement les administrations, il en est dont peut-être elles se rendent mal compte.

Les concours publics serviraient à éclairer l'administration non-seulement sur la valeur relative de ses propres architectes, mais sur l'existence de capacités qui lui étaient inconnues.

Est-ce que son succès au concours pour l'église Saint-Paul de Nîmes n'a pas eu autrefois pour effet de classer du coup l'un des jurés du concours récent pour l'Opéra, M. Questel, au rang de nos architectes éminents?

Est-ce que le succès de M. Viollet-le-Duc, dans le concours limité à trois concurrents, pour la restauration de Notre-Dame de Paris (1843), n'a pas beaucoup contribué à donner, dès cette époque, de la solidité à sa renommée?

Est-ce que M. Danjoy n'a pas conquis une partie notable de sa considération au concours pour le Tombeau de Napoléon Ier?

Est-ce que, depuis quelques jours, MM. Ginain, Botrel, Crépinet et Garnier n'ont pas acquis une nouvelle et plus sérieuse renommée? MM. Duc et Garnaud n'ont-ils pas confirmé leur vieille réputation?

Sans doute, M. Questel, M. Viollet-le-Duc, M. Danjoy et les récents vainqueurs du concours de l'Opéra étaient depuis longtemps déjà appréciés de leurs camarades, mais leurs succès aux concours de Nîmes et de Paris ont donné à leurs talents une consécration en quelque sorte officielle. Et nous sommes ainsi faits en France que nulle renommée n'est chez nous définitive et ne commande le respect qu'en vertu de cette consécration directe ou indirecte du pouvoir.

VIII

De la composition du jury des concours. — Des intérêts qui doivent y être représentés. — Mode de nomination du jury. — De certains membres auxiliaires du jury. — De l'influence du *nombre* des jurés sur le sentiment de la responsabilité, et de la nature de la *responsabilité* des jurés dans nos concours publics.

— Pendant la lecture de ce qui précède, il nous a semblé entendre plus d'un artiste s'écrier : « Moi aussi « je serais pour les concours si l'on pouvait me garantir « un jury compétent et impartial. Mais l'administration, « si animée de bonnes intentions que vous la supposiez, « ne peut pas faire par exemple que l'Institut ne soit pas « disposé à favoriser les tendances classiques de préfé- « rence à toutes les autres. Par cela seul que l'adminis- « tration aura nommé M. tel ou tel membre du jury, elle « ne lui aura pas ôté ses préjugés d'école, elle n'aura neu- « tralisé ni ses sympathies ni ses antipathies. »

La nomination du jury est en effet la difficulté pratique la plus grande des concours, difficulté plus grande de notre temps qu'elle ne l'eût été à toute autre époque de notre histoire. L'art étant devenu essentiellement historique, et vivant surtout d'emprunts faits au passé, il y a autant de petites écoles que de styles historiques; mais toutes ces variétés se rangent et se groupent par grandes masses. Nous avons le camp et le drapeau des *jeunes classiques*, des *gothiques* et des *éclectiques*. A l'avant-garde marche d'un pas hardi le groupe aventureux des *chercheurs* et des *utopistes;* tandis qu'à la suite de l'armée se traîne le bataillon attardé des *vieux classiques*.

Ainsi, trois groupes principaux, précédés d'un corps d'éclaireurs et suivis d'une bande de traînards, représentent assez exactement la situation actuelle des écoles et marquent les intérêts légitimes qui doivent être représentés au sein du jury.

Une autre distinction à faire est celle de *l'art officiel* et de *l'art libre*, c'est-à-dire de l'art qui n'est pas né précisément sous l'influence de l'enseignement de l'École des Beaux-Arts ou par l'étude des constructions exécutées sur des plans approuvés par le Conseil des bâtiments civils. Il y a vingt-cinq ou trente ans le roman et le gothique appartenaient encore au cercle de l'art libre ou inofficiel; les adhérents de ces styles n'avaient pas alors conquis la confiance de l'administration. Aujourd'hui ils sont devenus à leur tour groupe officiel. Mais il y a d'autres novateurs qui attendent et qui demandent que leur cause soit défendue au sein du jury; c'est suivant eux la cause du progrès; c'est certainement celle de la recherche.

L'administration a également des intérêts sérieux engagés dans les concours, et elle doit être dignement représentée dans la composition du jury.

Il en est de même des concurrents; leur voix doit être entendue, la justice l'exige.

Il convient encore que l'intérêt général de l'art, le sens impartial et collectif, le sens du public à propos d'art, soit représenté directement au sein du jury, en présence des défenseurs des diverses écoles particulières, la tendance naturelle de celles-ci étant de s'absorber dans la contemplation exclusive de ce qui est propre à favoriser leur développement. L'amour général de l'art, cette grande et impartiale tendresse qui étreint toutes les écoles, qui les aime et les comprend toutes comme autant de manifestations nécessaires, mais individuellement et séparément incomplètes, du sentiment, des idées et des besoins modernes, cette *tendance synthétique* doit avoir sa place marquée au sein du jury; à ses représentants reviendrait le devoir de tenir la balance où se pèseraient les réclamations respectives des écoles toujours exclusives; à eux la charge de sauvegarder l'art contre les excès du fanatisme et les préoccupations parfois étroites des défenseurs du budget.

— Nous aurions voulu nous arrêter ici, après cette simple énumération des intérêts à représenter ou à défendre au sein du jury; nous l'aurions voulu par respect pour l'administration, pour éviter même l'apparence de vouloir l'enserrer dans un cercle étroit et ne rien laisser à sa libre initiative. « Mais, nous dit-on, voilà bien des intérêts à « sauvegarder; toute cette énumération ne fait que rendre « plus sensible la difficulté de nommer un jury *compé-* « *tent*, qui soit aussi *impartial*.

« Sans ce jury cependant, pas de concours public. « Tout est là. *Un bon jury ou rien*. »

Nous nous décidons donc à indiquer un mode de formation du jury pour les concours d'architecture jugés à Paris, mais en faisant remarquer d'abord qu'on pourrait en adopter bien d'autres, tous supérieurs à ceux qu'on a jusqu'ici mis à exécution; et ensuite qu'il ne faut pas demander à un jury de concours public une plus haute perfection que celle qu'on exige généralement des institutions humaines, où il y a toujours place pour l'erreur et matière même à suspicion.

Le jury pourrait se composer de treize membres, présidés par le chef de l'administration :

Par le *Ministre*, s'il s'agit d'un monument de l'État;

— Nous avions terminé ici la série de nos observations sur la composition du jury ; mais une autorité compétente, pour laquelle nous professons la plus haute déférence, nous a fait remarquer qu'il y a peut-être quelque chose à dire sur le *nombre* des membres du jury ; et que des esprits éminents jugent que plus la *responsabilité* est partagée, moins elle est effective.

Cette objection mérite évidemment d'être examinée avec soin ; car on n'a eu, en effet, que trop souvent l'occasion de constater depuis trente ans, dans nos grandes sociétés industrielles, par exemple, que les comités de surveillance très-nombreux avaient moins bien fonctionné généralement que des comités composés d'un petit nombre de personnes.

Poussez d'ailleurs l'argument à l'extrême, et réduisez votre comité à un seul membre : il est certain que la responsabilité ne saurait être plus complète ni plus absolue.

Supposez au contraire que le comité se compose de cent membres, la responsabilité de chacun n'est plus que d'un centième ; elle s'efface et disparaît dans la responsabilité collective : circonstance parfaitement exprimée par le dicton des coulisses : « Lorsque la troupe entière est sifflée, personne individuellement n'est humilié. »

Mais notre jury se présente dans des conditions tout à fait exceptionnelles. Voici comment.

De notre temps, nous l'avons dit déjà, il y a autant d'écoles d'art que de styles historiques. Au XIIIe siècle, en France, on ne faisait que du gothique ; à Athènes, du temps de Périclès, l'art offrait aussi de l'unité ; un jury du XIIIe siècle, ou du Ve siècle avant Jésus-Christ, eût donc été composé de membres tous d'une même école d'art. D'accord sur les principes, ils n'auraient pu se diviser que sur présenter par des artistes n'appartenant pas à l'Institut, mais d'un mérite reconnu de tous.

L'administration (n° 4) ferait cinq nominations sur quatorze, ou six sur quinze en comptant les voix et en tenant compte du privilége du président. C'est elle qui désignerait parmi les écrivains éminents qui se sont spécialement consacrés à l'étude des arts, ou parmi les hommes du monde qui les aiment, les apprécient et les encouragent, les deux membres qui auraient pour mission de défendre les intérêts généraux de l'art et le sentiment du public éclairé contre l'esprit de routine et les préjugés d'atelier.

Enfin, les concurrents eux-mêmes seraient directement représentés, et ce droit contribuerait à faire disparaître les dernières traces de méfiance et de suspicion créées par les actes des anciennes administrations.

—Resterait à dire un mot sur les jurys de concours ayant pour objet un monument qui exigerait une expérience spéciale pour être parfaitement apprécié; comme, par exemple, un théâtre, une halle aux grains, un abattoir, et beaucoup d'autres : dans ces circonstances, si complète qu'ait été la rédaction du programme, on conçoit que la présence au jury d'un directeur de théâtre, si c'est un théâtre qui est au concours, d'un boucher expérimenté si c'est un abattoir, ou d'un meunier si c'est une halle aux grains, peut être fort utile pour apprécier des dispositions relatives à d'importants services.

Rien de plus facile, on le comprend, que d'assurer cette assistance au jury. Nous ne trancherons pas ici la question de savoir si ces auxiliaires doivent avoir voix délibérative ou seulement consultative; car la valeur personnelle de l'auxiliaire pourrait être souvent la cause déterminante de l'une ou l'autre de ces dispositions.

— Nous avions terminé ici la série de nos observations sur la composition du jury ; mais une autorité compétente, pour laquelle nous professons la plus haute déférence, nous a fait remarquer qu'il y a peut-être quelque chose à dire sur le *nombre* des membres du jury ; et que des esprits éminents jugent que plus la *responsabilité* est partagée, moins elle est effective.

Cette objection mérite évidemment d'être examinée avec soin ; car on n'a eu, en effet, que trop souvent l'occasion de constater depuis trente ans, dans nos grandes sociétés industrielles, par exemple, que les comités de surveillance très-nombreux avaient moins bien fonctionné généralement que des comités composés d'un petit nombre de personnes.

Poussez d'ailleurs l'argument à l'extrême, et réduisez votre comité à un seul membre : il est certain que la responsabilité ne saurait être plus complète ni plus absolue.

Supposez au contraire que le comité se compose de cent membres, la responsabilité de chacun n'est plus que d'un centième ; elle s'efface et disparaît dans la responsabilité collective : circonstance parfaitement exprimée par le dicton des coulisses : « Lorsque la troupe entière est sifflée, personne individuellement n'est humilié. »

Mais notre jury se présente dans des conditions tout à fait exceptionnelles. Voici comment.

De notre temps, nous l'avons dit déjà, il y a autant d'écoles d'art que de styles historiques. Au XIIIe siècle, en France, on ne faisait que du gothique ; à Athènes, du temps de Périclès, l'art offrait aussi de l'unité ; un jury du XIIIe siècle, ou du Ve siècle avant Jésus-Christ, eût donc été composé de membres tous d'une même école d'art. D'accord sur les principes, ils n'auraient pu se diviser que sur la manière dont on les aurait appliqués, sur des nuances d'idées. Dans un jury de notre temps, ce que réclame avant tout la justice et l'intérêt de l'art, c'est que toutes les écoles et partant tous les intérêts soient représentés. Soumettre un projet gothique au jugement d'un jury classique ou un projet classique au jugement d'un jury gothique, c'est assurer d'avance sa condamnation, non pas aux dépens de la conscience, mais avec toute la conscience possible, et au nom des principes mêmes qu'aura représentés le jury.

Dans le jury que nous proposons, nous commençons par annuler le *parti pris* des écoles, en les équilibrant les unes par les autres, de façon que le prix ne soit pas décerné exclusivement au nom d'un style, mais au nom de qualités qui se seront imposées à la majorité.

Quant au sentiment de la *responsabilité* dans un jury comme le nôtre, ce serait une erreur de donner à ce sentiment l'importance qu'on lui accorderait s'il était question d'un jury dont tous les membres seraient guidés par les mêmes principes d'art. Le jury du XIIIe siècle ou le jury antique jugeait d'après des principes communs à tous ses membres. Le jury de nos cours d'assises juge aussi d'après des principes communs à tous ses membres, communs même à toute l'espèce humaine; ce sont les principes de la probabilité et de la conscience. Dans chacun de ces jurys, les membres étant gouvernés par les mêmes principes, mus par des sentiments communs, la responsabilité est rigoureusement la même pour chaque juré : chaque membre y prend une part égale. Mais dans un jury d'architecture de notre temps, si le prix est décerné à un projet *classique*, le juré gothique, ou le juré innovateur hardi, croira-t-il sa responsabilité engagée comme celle de jurés membres de l'*Institut?*

Ne nous faisons donc pas d'illusion sur cette question

de responsabilité. Dans l'état actuel de l'art, la notion de la responsabilité pour un juré ne sera jamais que la défense de l'école à laquelle il appartient; parce que c'est vis-à-vis des membres de cette école seule qu'en conscience il se considère comme responsable, eux seuls possédant la vérité. Ne l'oublions pas, les écoles sont intolérantes par conscience.

Cherchons donc moins la justice et le progrès de l'art dans le sentiment de la responsabilité des jurés, que dans ces moyens d'équilibre qui permettent de neutraliser les partis pris, au point d'élever forcément le débat jusque dans les hautes régions où les écoles ont des liens communs, où l'amour général de l'art domine seul et se marie avec les intérêts du bien public et du progrès.

Dans notre opinion personnelle, longuement méditée, le chiffre que nous proposons pour le jury ne serait guère susceptible de réduction, — pour certains monuments du moins et pour des concours considérables, — à cause de la nécessité des nombreux rapports écrits dont nous allons parler. Toutefois, nous ne tranchons rien, nous rappelons que notre *proposition* est *élastique*, nous fournissons seulement une base à la discussion.

— Avant de quitter cette question nous exprimerons incidemment le désir de voir le jury adopter un usage très-propre à donner de la maturité à ses décisions.

Soit que le jury commence par éliminer les projets d'une valeur contestable ou par choisir dans la masse des projets exposés un certain nombre digne d'un examen détaillé, il lui arrive toujours de former définitivement un groupe restreint de projets parmi lesquels il faut désigner ceux auxquels il convient de décerner les prix. C'est alors que le débat devient sérieux, que les partisans des diverses écoles se passionnent de bonne foi *pour* celui-ci et *contre* celui-là. C'est le moment dangereux. Aussi est-ce l'instant de venir en aide à la justice et à la raison aux prises avec les passions et les intérêts d'école.

Un moyen de tempérer la trop vive ardeur des convictions surexcitées serait de faire précéder la discussion orale par la lecture de *rapports écrits* sur chacun des projets du groupe réservé.

Par cela seul qu'un projet ferait partie de ce groupe, il est évident que ses mérites auraient été appréciés par un ou plusieurs des jurés; chacun de ces projets pourrait donc devenir l'objet d'un *rapport écrit*, rédigé par un de ses approbateurs. La lecture de ce rapport faite, à haute voix, en présence de tous les jurés, ne pourrait manquer de contribuer à la maturité du jugement définitif.

Il est facile de se rendre compte de l'utilité et de l'heureux effet d'un semblable système.

Certains membres du jury peuvent hésiter à développer verbalement et à soutenir avec persistance contre les contradicteurs la préférence qu'ils accordent à tel ou tel projet. Ils sont fondés à désirer que leur avis motivé soit parfaitement connu de leurs collègues, car le développement oral peut quelquefois rester incomplet, par suite des incidents de la discussion, ou trahir par l'inexpérience de la parole des idées justes et supérieures.

Les rapports écrits sont le moyen simple et certain d'assurer à chaque opinion son expression pleine et entière.

De même que les plaidoiries et les considérants du jugement sont publiés dans le compte rendu des tribunaux ordinaires, de même ces rapports particuliers seraient publiés dans le *Moniteur*, comme pièces complémentaires du *Rapport sur le concours* qui serait l'œuvre collective et le jugement du jury : la question d'art serait jugée comme une question de droit, avec des garanties également régulières. Cette publicité, donnée à des débats si utiles au progrès de l'art, redoublerait l'intérêt qui s'attache à ces luttes, et perfectionnerait de plus en plus le goût du public.

Après un certain nombre de concours, ces rapports constitueraient un recueil où l'on trouverait quelles étaient, à un moment donné, les opinions de nos artistes les plus renommés sur toutes les questions relatives au service, à la construction et au style d'art de nos monuments publics. Dans cinquante ans, un tel recueil serait la plus belle, la plus intime et la plus complète histoire de l'art national contemporain.

Si, depuis le commencement du siècle seulement, ce système avait été suivi, si nos grands monuments publics avaient été mis au concours, s'il existait aujourd'hui un Recueil de rapports généraux et particuliers, combien ces archives de l'art seraient déjà précieuses, combien de documents utiles, d'aperçus neufs et ingénieux, d'observations sages; quel ensemble de données presque encyclopédiques sur le caractère d'art et les dispositions spéciales qui conviennent à chacune des créations architecturales de la société moderne! Les nécessités et le goût d'une époque, la tendance libre des esprits, la direction des études dans nos écoles, tout s'y trouverait fidèlement reproduit.

Ajoutons que de magnifiques éléments aujourd'hui perdus seraient sauvés du naufrage. L'œuvre architecturale d'un maître est toujours limitée à un petit nombre d'édifices correspondant à un petit nombre d'idées spéciales : une partie de son génie reste ainsi inconnue, et nous ne savons quelles auraient été ses inspirations pour des monuments d'un autre genre. Ses rapports dans les concours seraient pour sa renommée un complément d'une haute importance, et, par la variété des objets auxquels ils s'appliqueraient, ils nous feraient connaître comment il a conçu lui-même les monuments qui ont été construits de son temps par d'autres mains. Un grand artiste s'affirme non-seulement par ses ouvrages, mais aussi par ses jugements.

L'art français posséderait, dans un ordre différent, ce que posséda autrefois le droit romain, c'est-à-dire les *avis des prudents,* formant un corps de doctrine pour une foule de cas particuliers : source inépuisable de lumière, répertoire destiné à se compléter et à se renouveler sans cesse.

On finirait par avoir pour tous les monuments typiques autant de monographies qui nous les représenteraient, depuis leur origine jusqu'à l'époque présente, avec toutes les modifications et transformations que l'idée première aurait subies, en vertu des besoins nouveaux, des découvertes de la science et de l'industrie, en un mot des progrès du temps.

Le développement de ces monographies ne s'arrêterait jamais, et chaque génération viendrait l'enrichir.

Ainsi serait commun à l'époque présente et à la postérité le bienfait des concours. Au lieu de se limiter à un petit nombre de monuments construits dans une courte période, il embrasserait l'avenir de l'art, et s'étendrait à tous les monuments futurs.

— Nous pensons qu'un tel jury, institué dans les conditions que nous avons signalées, dominerait, par son action collective, les doctrines et tendances particulières, sans rien sacrifier de ce qu'il y a de bon dans chacune d'elles; que ses jugements seraient un précieux enseignement pour tout le monde; qu'ils seraient universellement acceptés comme l'expression d'une justice éclairée, et que par leur influence sur les esprits ils seraient de nature à imprimer une direction unique à des efforts aujourd'hui divergents.

— Nous n'avons point voulu, nous le répétons, tracer un cadre inflexible autour de l'administration, ni planter doctoralement tous les jalons de sa route. Nous ne lui faisons point la leçon; nous exprimons un vœu. Nous plaidons l'intérêt de l'art qui est aussi l'intérêt de l'administration et celui du pays. Tout notre effort tend à faciliter une amélioration désirable dans les conditions actuelles de l'art, et à déterminer avec exactitude la méthode requise pour l'obtenir.

IX

Des concours dans les départements.

Puisque nous avons tant fait que d'exposer un mode de formation du jury pour les concours parisiens, nous devons compléter notre œuvre par quelques mots sur les jurys des concours départementaux.

On a souvent adressé aux concours départementaux un reproche que les faits ultérieurs n'ont que trop fréquemment paru confirmer. On a prétendu qu'ils n'étaient ouverts souvent qu'avec l'intention parfaitement arrêtée de ne confier l'étude définitive et l'exécution du monument qu'à tel artiste de la localité, apparenté de celui-ci, ou favorisé de celui-là n'importe pour quel motif; que ces concours n'avaient, par conséquent, pour objet que d'obtenir à vil prix une série d'études du monument à élever, dont profiterait ensuite sans réserve et sans vergogne l'individu favorisé.

Le fait s'est rencontré. Il faut que les concurrents n'aient plus à le redouter, qu'ils soient garantis à la fois contre les *influences d'école* et contre les *influences locales*.[1]

Jusqu'ici les départements n'ont pas été plus favorisés que Paris sous le rapport de la composition des jurys. Seulement, on a parfois neutralisé l'influence locale en adressant l'ensemble des projets au *Conseil des bâtiments civils* à Paris.

Parfois aussi, l'appel au Conseil n'a été qu'une manœuvre habile : au lieu d'envoyer à Paris l'ensemble des projets du concours, on n'y expédiait que trois ou quatre projets choisis en vue de faire couronner le projet favorisé. On couvrait ainsi de l'autorité du Conseil le choix fait à l'avance sous des influences locales. Aussi, le Conseil a-t-il dû plus d'une fois réclamer l'envoi des projets qu'on avait retenus.

Mais dans les circonstances les plus favorables, même dans l'hypothèse de l'envoi de tous les projets, on n'échappait à un inconvénient que pour tomber dans un autre : on évitait l'influence locale, mais on rencontrait l'influence d'école, tout aussi dangereuse.

En faisant juger à Paris les concours des départements par un jury offrant les garanties que nous avons signalées comme nécessaires, et dont nous avons indiqué un des modes de formation, il est certain que les concurrents rencontreraient l'impartialité et le savoir désirables ; mais, comme l'expérience locale pourrait bien être indispensable ou tout au moins fort utile pour la parfaite appréciation des projets, il nous semblerait nécessaire d'adjoindre au jury parisien une ou même deux personnes de la localité ou du département où le monument doit s'élever. Ce serait peut-être le *préfet* du département, un *maire*, un membre du *Conseil général*, ou le député au *Corps législatif*, un *artiste* ou un *amateur* de la localité jouissant de la confiance publique. Ces auxiliaires apporteraient des lumières spéciales sans exercer d'influence suspecte sur les jurés parisiens.

Mais de grandes cités comme Lyon, Bordeaux, Marseille, etc..., voudront peut-être, ne fût-ce que par un sentiment d'amour-propre très-légitime, que les concours ouverts à leur profit soient jugés chez elles.

En ce cas, elles auront à se rappeler quels sont les intérêts à sauvegarder dans la nomination du jury; nous les avons exposés avec assez de détail pour n'avoir plus à y revenir; mais nous ferons observer que, dans les concours départementaux, le plus grand danger devant ressortir des *influences locales*, nous ne saurions trop vivement insister sur la nécessité de les neutraliser par l'assistance de jurés étrangers à la ville et au département.

L'*Institut*, le *Comité des monuments historiques*, la *Société des architectes* ne sont pas plus des institutions parisiennes qu'elles ne sont lyonnaises, bordelaises ou marseillaises; ce sont des institutions FRANÇAISES, où les Parisiens nés ne forment qu'une très-faible minorité; ce sont des institutions qui nous appartiennent à tous, qui se recrutent parmi tous, qui nous honorent tous, et sur la bonne volonté desquelles tous doivent et peuvent compter sans réserve.

C'est dans ces institutions, et aussi parmi les hommes qui ont fait leurs preuves depuis longtemps, et qui, sans faire partie de telle ou telle de ces institutions, jouissent d'une juste renommée et popularité parmi les artistes, qu'on pourra choisir des jurés auxiliaires, à la fois capables et inaccessibles aux influences locales étrangères à l'art.

Pour les départements comme pour Paris, la composition d'un jury compétent et collectivement impartial est donc chose très-faisable.

X

Résumé et conclusion.

Nous croyons avoir touché à tous les points principaux de cette importante question des concours publics.

— Les inconvénients qu'on craignait de rencontrer dans les concours étaient surtout, — *de la part de l'administration,* de n'y pas voir figurer nos meilleurs artistes, et par suite d'avoir peut-être à confier des travaux d'une exécution difficile à quelque dessinateur habile, mais sans expérience pratique, — et, *de la part des artistes éminents,* de compromettre une vieille renommée, d'être soumis au jugement d'un jury incompétent, ou passionné pour la doctrine d'une école ennemie; enfin de ne prêter les mains qu'à une manœuvre en faveur de quelque autre artiste choisi d'avance par l'administration.

Nous avons montré le néant de ces craintes; nous avons fait voir qu'il dépend de l'administration de satisfaire les artistes en entourant les concours des garanties désirables : — programme mûrement préparé, temps nécessaire pour l'étude, exposition publique suffisamment prolongée et dans un local convenable, récompenses en rapport avec l'importance des études réclamées, jury compétent et impartial; — nous avons montré que l'administration, en donnant ces garanties aux artistes, détruisait du même coup toutes les causes de ses propres inquiétudes.

Nous avons rapporté aussi les avantages très-sérieux que l'administration trouverait à donner une grande extension au système des concours : sa responsabilité complétement couverte et ses services d'art assurés sans que sa liberté soit compromise; la certitude que chaque monument serait étudié complétement et à tous les points de vue possibles; l'avantage d'obtenir une somme d'étude *maximum* pour une dépense *minimum;* celui de connaître toujours le sentiment public à la fois sur le sujet du concours et sur la manière de le traiter; celui enfin d'être renseigné sur le personnel des artistes, même sur l'existence de talents restés pour elle jusqu'ici dans l'obscurité, comme aussi sur l'éclosion des talents nouveaux.

Indépendamment des intérêts de l'administration, et par delà ces intérêts, il en est d'autres encore, d'un caractère plus haut et plus général, dont le *concours* seul peut embrasser la diversité.

C'est d'abord l'intérêt de l'art.

Rien ne peut suppléer l'action du concours comme ressort d'émulation entre les artistes, comme moyen de mettre en relief les talents inconnus. Chacun peut y faire ses preuves. Les vétérans apportent leur science émérite; de belles tendances, un certain éclat dans les débuts, peuvent aplanir devant les jeunes gens les difficultés de la carrière, et préparer, par les espérances qu'ils font naître, la future confiance du public. Par l'exposition publique des projets, les idées neuves en appellent des exclusions de la routine, du parti pris des écoles et des condamnations parfois trop sévères du corps spécial des architectes, devant le grand tribunal de TOUS, où les savants se mêlent aux artistes de toute catégorie, les administrateurs aux hommes du monde, de la politique, de la presse, de l'industrie et du commerce. Au grand jour de l'exposition, sous la garantie de l'impartialité publique, toute pensée vraie, toute inspiration féconde peut se produire sans estampille officielle, sans cachet de renommée; elle sera jugée pour elle-même. Ici les petites prédilections de coterie, les petites antipathies d'atelier s'évanouissent. Le public échappe aux systèmes de convention. Du rapprochement et du contraste de tant de manières de sentir différentes, il se forme un sens plus large, une intelligence de l'art plus compréhensive et un instinct favorable aux beautés non encore classées. Grâce à la sagacité de *tout le monde*, certaines formes de l'art, mal accueillies d'abord dans le milieu professionnel, se sont vite relevées de ce dédain ou de cette indifférence, et la sympathie populaire a salué en elles des jalons de l'avenir. Juste récompense des efforts de l'artiste toujours en quête de nouvelles combinaisons pour réaliser un autre idéal! C'est par ces tentatives persévérantes, par elles seules, que l'art peut grandir et prétendre sans cesse à des accroissements indéfinis.

L'intérêt de l'art et des artistes est aussi l'intérêt du pays tout entier.

Quoi de plus important que de pouvoir dénombrer avec exactitude les ressources en personnel sur lesquelles la France peut compter pour les besoins de ses travaux? Dans notre heureux pays, toujours en travail, les talents germent, se développent et s'épanouissent avec rapidité, mais secrètement et solitairement pour la plupart. Le concours, qui les tire de leur obscurité, qui les fait connaître et les proclame, est pour ainsi dire l'économe de la nation, car il dresse ainsi des « états de situation » et signale les effectifs disponibles, dans tous les ordres et à tous les degrés de la science et de l'art. C'est lui qui dit à la

France avec quelle confiance et de quel pas affermi elle peut marcher vers l'avenir.

A ce dernier point de vue l'importance du concours prend des proportions encore plus vastes et mérite la plus sérieuse attention du gouvernement, sur qui repose principalement aujourd'hui l'obligation de veiller au maintien de l'art et à son développement. Comment le gouvernement pourrait-il remplir cette tâche si difficile, sans l'aide du concours, seul moyen de suivre pas à pas les évolutions si rapides de la pensée architecturale, et de constater dans quel sens se dirige l'idéal et l'esprit de recherche? On peut affirmer qu'il n'y parviendrait jamais, tant qu'il resterait en dehors du concours, n'ayant pour s'éclairer que les lumières individuelles de quelques artistes; si éminents qu'ils soient, le succès même de ces artistes les ayant immobilisés à la tête de sections définies de l'art, ils manquent involontairement de l'impartialité nécessaire pour apprécier avec justesse l'ensemble du mouvement artistique de l'esprit français.

Par le spectacle de ces combats pacifiques le gouvernement provoquerait dans la nation une curiosité utile; la foule se porterait aux expositions; le public se passionnerait de plus en plus pour tous ces travaux d'embellissement et d'utilité publique qui s'exécutent sous ses yeux et à son profit. Le journalisme, obligé de suivre la pente des esprits, apporterait un contingent plus considérable à ces études spéciales, qui deviendraient ainsi pleines d'attrait pour toutes les classes de la population; il mêlerait plus largement les préoccupations de l'art à la vie morale du pays; il ferait une agitation artistique pareille à celle qui fut saluée du nom glorieux de Renaissance, et qui peut illustrer notre époque comme elle a illustré le XVIe siècle.

Il y a une certaine catégorie de gens riches qui n'est pas naturellement portée aux délicats plaisirs de l'art, et qui, en général, montre pour eux de la froideur. Mais quand elle verrait que le titre d'ami et de protecteur des arts est pour ainsi dire le cachet de la vie élégante et le blason le plus respecté du luxe, elle se laisserait entraîner par bon ton et par amour-propre à ce courant de la mode, si honorable pour elle-même et si profitable aux artistes. Aucun homme riche ne devrait avoir son brevet d'homme du monde s'il ne consacre une portion de sa fortune à patronner tel ou tel ordre de service public.

D'autre part, la politique cesserait d'être seule en possession de secouer cet ennui si redoutable lorsqu'il s'empare des esprits en France : ce lourd marasme qu'engendrent les soins d'un intérêt trop exclusivement matériel, même quand ces soins sont couronnés de succès, serait de temps en temps allégé, écarté même; l'art viendrait y faire trêve par des diversions nobles et agréables.

Il importe beaucoup, dans un pays comme la France, où les gouvernements se sont toujours mêlés de tout, ont toujours touché à tout, si bien qu'on est porté à les rendre responsables de tout, même des effets de la pluie et du soleil, il importe beaucoup à tout gouvernement français de prendre en main la cause des arts, et d'user pleinement de la puissance d'initiative dont ils lui offrent la ressource, afin d'exciter dans toutes les âmes la passion dont ils deviennent si aisément l'objet glorieux.

Assurer aux artistes le bienfait de la justice par l'institution généralisée des concours; les encourager par des récompenses constamment tenues à la portée du talent; cultiver ainsi les hautes aspirations de l'âme humaine, c'est de la part du gouvernement contribuer à la fois à l'ordre et au bonheur publics.

Honorer l'art, c'est honorer la nation et s'honorer soi-même.

— En entrant dans la voie des concours publics, le gouvernement a été fidèle à son principe, qui est le suffrage universel. Quelle plus belle devise que celle-ci : *Au plus digne!* Le concours se déduit logiquement de la loi fondamentale de l'État. Le concours, c'est la démocratie dans l'art, c'est l'égalité des talents devant l'administration. La nation n'est-elle pas le foyer de toutes les lumières comme le réservoir de toutes les forces? Il est donc aussi utile que juste qu'elle ait voix consultative dans tout ce qui doit porter de préférence l'empreinte de la nation, dans tout ce qui doit être une manifestation collective de ses mœurs ou de ses besoins, de sa grandeur ou de sa volonté.

Les vues de l'autorité se sont trouvées d'accord sur ce point avec l'opinion publique à l'occasion du nouvel Opéra; nous serions heureux de pouvoir désormais considérer comme chose acquise et comme institution normale le principe du concours pour les édifices publics. D'une pareille résolution du gouvernement, si elle était accompagnée à l'avenir des conditions nécessaires pour que les concours produisent enfin les beaux résultats qu'on est fondé à en attendre, datera, pour l'art et pour les artistes, une ère véritablement nouvelle et pleine de magnifiques promesses.

PARIS. — IMPRIMERIE DE J. CLAYE, RUE SAINT-BENOIT, 7.

PARIS. — IMPRIMERIE DE J. CLAYE, RUE SAINT BENOIT, 7.

www.ingramcontent.com/pod-product-compliance
Ingram Content Group UK Ltd.
Pitfield, Milton Keynes, MK11 3LW, UK
UKHW031942260826
14628UKWH00004B/1786

9 782019 702267